상식이 있는

한 손에

쏙

스도쿠 2

상식이 있는
한 손에
쏙

스도쿠₂

발행일 | 2025년 12월 31일

지은이 | 짱아찌

펴낸이 | 장재열

펴낸곳 | 단한권의책

출판등록 | 제25100-2017-000072호 (2012년 9월 14일)

주소 | 서울, 은평구 서오릉로 20길 10-6

팩스 | 070-7850-8021

이메일 | jjy5342@naver.com

블로그 | http://blog.naver.com/only1books

ISBN | 979-11-91853-56-8 (00690)

값 | 4,500원

파손된 책은 바꿔 드립니다.

이 저작물의 내용을 쓰고자 할 때는 저작자와 단한권의책의 허락을 받아야 합니다.

◆
목차

스도쿠의 유래

사람들은 '스도쿠'라는 말이 일본어라서 스도쿠가 당연히 일본에서 만들어졌을 것이라고 생각한다. 하지만 우리가 알고 있는 스도쿠의 형태는 1979년에 미국의 건축가 하워드 간즈가 '넘버플레이스(Number Place)'라는 이름으로 소개한 게임에서 시작되었다. 그렇지만 사람들에게 인기가 있지는 않았다. 이후 1984년 일본 니코리사의 잡지 <퍼즐통신 니코리>에서 스도쿠라는 이름을 붙여 수록하면서 대중화되기 시작하였다. 스도쿠라는 명칭은 "숫자는 한 번씩만 쓸 수 있다. (数字は独身に限る)"라는 문장을 줄여서 만들게 되었다.

스도쿠가 성공할 수 있었던 이유는 규칙이 단순하고 세계 모든 사람이 숫자만 알면 언제 어디서든 게임을 즐길 수 있다는 것이다.

통상적인 스도쿠는 (9 × 9)의 형태를 갖지만 이것을 변형하여 (6 × 6), (12 × 12) 등 다양한 형태로 변형을 할 수 있다. 기타 여러 변형 스도쿠가 존재하며 유통되고 있다.

스도쿠 규칙

(3 × 3) 칸 안에 1부터 9까지의 숫자가 겹치지 않고서
한 번만 들어가야 한다.

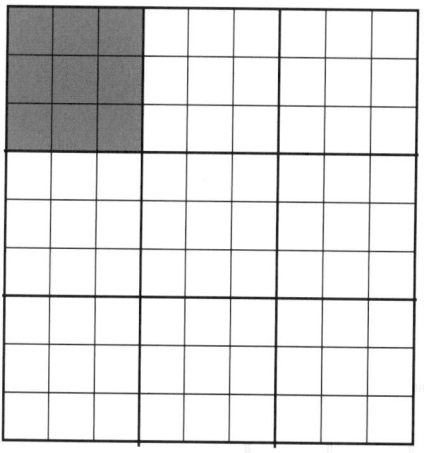

스도쿠 규칙

②

한 행에 1부터 9까지의 숫자가 겹치지 않고서
한 번만 들어가야 한다.

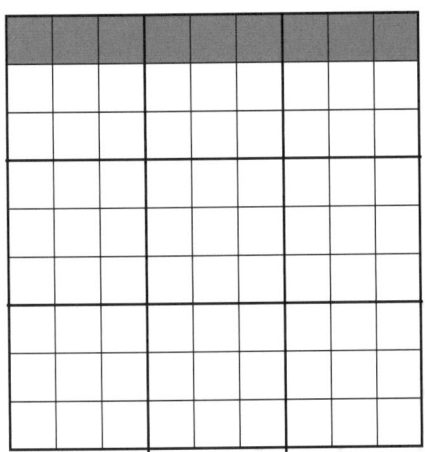

스도쿠 규칙

세로줄 역시 1부터 9까지의 숫자가 겹치지 않고서
한 번만 들어가야 한다.

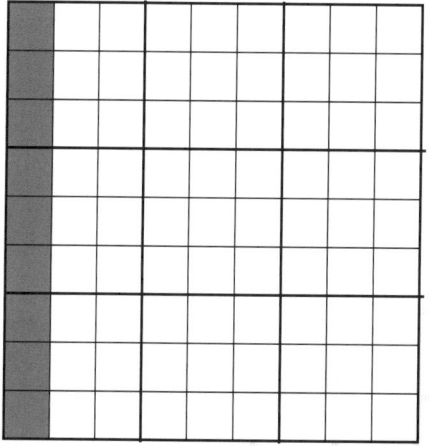

이렇게 하면 총 91칸의 모든 칸이 1부터 9가 겹치지 않고
모두 각각 9번씩 들어가게 된다.

스도쿠를 쉽게
풀어내는 방법

숫자의 배치를 먼저 유심히 보는 습관을 만들자.
숫자의 배치를 자세히 보기만 해도 자연스레 채울 수 있는
칸이 있기도 하다. 스도쿠는 특성상 모든 숫자가 동등하게
각 9번씩밖에 못 들어가기 때문이다.
(81칸의 스도쿠를 예를 들어 설명하겠다)

가장 많이 나온 숫자를 먼저 공략하는 것이 중요하며
숫자가 많이 채워져 있는 칸을 중심으로 주변의 숫자를
보면서 '이 칸에는 이 숫자가 들어가겠구나'하고 예측을
한다면 점점 숫자가 하나씩 채워지게 되어있다.

스도쿠는 확률적인 방법으로 숫자를 유추해서 예측하며
채워놓고 오류가 있다면 다시 예측하여 숫자를 모두
채우는 게임이다.

스도쿠를 쉽게
풀어내는 방법

1	2	3		4	5	7	8	
		9						

— Ⓐ행

스도쿠라는 게임의 특성상 행과 열 그리고 (3 × 3) 의 칸에
1부터 9가 딱 한 번씩밖에 못 들어간다는 특성을 이용해서
숫자를 유추할 수 있다. 예를 들어 Ⓐ행에 빈칸이 2칸이 있는데
저 빈칸에는 어떤 숫자가 들어갈 수 있을까?

1부터 9중에 한 번도 나오지 않은 6과 9만이 들어갈 수 있는
것이다. 주변의 숫자를 고려하여 6과 9의 위치를 알아내어 채우면
빈칸이 완성되는 것이다.

스도쿠를 쉽게
풀어내는 방법

③

ⓐ열		ⓒ열						
1		3		4	5			
4		5						
6		7						
	3							

스도쿠라는 게임의 특성을 여러 칸에 적용해서
숫자를 유추하는 것 또한 재미있는 방법이다.
예를 들어 ⓐ열의 3칸 중 한 칸에만 숫자 3이 들어갈 수 밖에 없다.
숫자 3이 ⓑ열과 ⓒ열에 이미 나와서 존재하고 있기 때문이다.

스도쿠를 쉽게
풀어내는 방법

1		3	6	4	5	2	7	8
4		5						
6		7						
	3							

앞서 언급되었던 ❷번 방법과 ❸번 방법을 이용해서
숫자의 유추와 숫자가 들어갈 구역을 예측해서 작은
글씨로 희미하게 적어놓으면서 빈칸을 채워나가며
오류가 없는 숫자 조합을 만들어 나가면 금방 모든 칸이 채워질 것이다.

No.001

9		6	1			5	3	4
		2	9			6		8
	3		5		6			9
	6			2	1	7	9	
1			7		5			2
	9	7	3	6			4	
7			8		3		2	
3		8			7	9		
6	5	4			9	3		7

		5		3	4			
8		4			9		2	
		1		8			9	
		2	9	5			8	
7								3
	6			7	1	9		
	8			1		4		
	1		6			2		8
			2	9		7		

No.003

		3		6				2
	6				5			
	4	7	8	1			5	
6			3			4		8
	2						1	
8		9			4			6
	5			4	6	3	2	
			2				7	
1				8		9		

No.004

9	3		5		2	8		
2			9			4	1	
	1			6		9		
6		5		3	4			2
4								9
7			1	8		5		6
		9		4			5	
	6	2			1			4
		8	2		7		3	1

No.005

	5			2		9		7
		4				6		
3		2			7		1	4
		6	5		2		4	
9		7	1		8	2		5
	2		9		6	8		
1	7		6			4		2
		9				3		
4		3		5			8	

-16-

No.006

1								9
		9	3	1				
		3	6	5	9	1	2	
						2	1	
	4	1				7	3	
	8	6						
	1	7	5	9	8	4		
				2	4	5		
5								1

No.007

		5			2	8	9	
1			4	9	5			
4	6						1	2
				2	7		6	
9		6	1		8			5
		7	9	5		4		
	9						4	7
5			2	7	9			6
	2	1	8			3		

No.008

	4		8				2	
	9	7		2	5			
2		8			1	6		3
8			4			1	5	
4			3		2			8
	1	2			6	3		7
7		6				4		5
			2	5		7	9	
	3	9			4		8	

9			1	5		7	6	
8	7				4		5	
		1	7		3	2	9	
		8		9				7
			2		7		4	
2	4			8		3		9
	1	9	8		5			
	6		3					5
	8	2		7		4		1

No.010

		8		7	9			1
4	3		1		2			7
			6			5	2	3
		3	2	1		8		6
	8		5		3		7	
5		7			8	3		
	6	9			1			
1			9		5			8
3			8	2		4		9

숫자의 탄생 과정

수의 시작

우리가 지금 당연하게 사용하는 숫자는 과연 어디에서 비롯된 것일까요? 지금, 이 글을 읽고 있는 누구나 "하나, 둘, 셋"하고 자연스럽게 수를 셀 수 있습니다. 하지만 인류가 처음부터 이런 방식으로 수를 셀 수 있었던 것은 아닙니다.

아주 오래전 사람들은 물건을 셀 때 지금처럼 숫자를 사용하지 않았습니다. 대신 사물의 이름을 하나하나 불러가며 개수를 확인했지요. 예를 들어, "사과, 사과, 사과…" 하고 세는 방식입니다. 그런데 세상에는 사과만 있는 것이 아니죠. 돌멩이도 있고, 꽃도 있고, 강아지도 있습니다. 그러다 사람들은 중요한 사실을 깨달았습니다. "사과도 하나, 돌멩이도 하나, 꽃도 하나라고 부를 수 있구나!"라는 인식이 생긴 것입니다. 서로 다른 사물이라도 '개수'라는 공통된 속성이 있다는 것을 발견한 것이지요. 이 발견으로 인해 '수 세기'가 가능해지고 '숫자'라는 개념을 만들 수 있게 된 것입니다.

우리도 어릴 적 부모님이 과자나 사물을 세어 주던 기억이 있을 겁니다. 과자를 가리키며 "하나!", 꽃을 보며 "하나!", 강아지를 보며 "하나!"라고 했지요. 처음에는 "왜 서로 다른 것들을 똑같이 하나라고 부르지?" 하고 의아했을지도 모릅니다. 그러나 반복된 경험을 통해서 우리는 자연스럽게 '수'라는 추상적인 개념을 이해하게 되었습니다.

이러한 추상화 능력은 인간만이 가진 특별한 지적 능력입니다. 동물은 단순히 눈앞의 사물을 구분할 수는 있어도, '개수'라는 개념을 일반화하여 생각하지는 못합니다. 따라서 숫자를 이해하고 사용하는 것은 인류만의 고유한 지적 성취라고 할 수 있습니다.

숫자의 탄생

인류 초기에는 작은 부족 단위의 사회로 모여서 생활했습니다. 그러나 시간이 흐르면서 사람들이 모여 '대부족'을 형성하고 '도시'를 형성하게 되었습니다. 많은 사람이 모이고 사회가 커지면서 수를 세거나 셈을 할 필요성도 많아졌습니다.

예를 들어 농사를 지으면 곡식이 대량으로 수확됩니다. 이때 "곡식 자루가 몇 개나 되는가?"를 정확히 세어야 했습니다. 수확한 곡식을 여러 곳에 나누어 보관하고, 세금을 내고, 물건을 서로 사고팔고 하면서 수를 정확히 다루는 능력이 필요해진 것입니다.

그렇지만 단순히 나무에 선을 긋거나 돌멩이로 물건을 일대일로 대응해서 세는 방식으로는 한계가 분명했습니다. 이런 방법으로는 큰 수의 덧셈은 물론 곱셈 같은 복잡한 계산을 수행하기 어렵고, 물건 거래를 기록하기도 어려웠습니다.

이러한 문제를 해결하기 위해 사람들은 새로운 방법을 고안했습니다. **바로 기호로 수를 표현하는 체계를 만든 것입니다. 이것이 '숫자'입니다.** 숫자를 기호로 나타내면서 단순히 수를 세는 것을 뛰어넘어 계산과 기록이 가능해졌고, 이는 인류 문명 발전에 결정적인 역할을 하게 되었습니다. 수를 기록하면서 문자도 같이 발명하게 되었기 때문입니다.

3	2		8	9	5	6		
	8	1	7				9	3
5	9	6		1	4		8	7
2	3			6	8		7	9
6		8				3		5
7	4		2	5		1		8
				3	9			6
8		4		7	2	9	3	1
9		3	4				5	

No.012

	5						7	
	7		1		6		9	
8		1		7		6		3
	3			1	2		6	
		2	6		8	3		
	4		7	9			1	
7		3		6		4	8	1
	6		8		1		5	
	8							

No.013

8	2			3		7	4	
7	1			8	6	9		
4	6	3	2		9			5
	4		3		7			2
9	5		6			3		
					4	8	5	
2		1		4	3		6	8
3		4			5	2		9
5		6	8	9	2	4		1

		3		6		9		
7					9			6
6	8	9	2				4	7
	9				3	6		
8				4				3
		6	7				1	
9	7				6		3	1
2			3					9
		4		7		5		

No.015

7	3	8	6				4	
			9					
5		1			8			
		3		9			5	7
			3		7			
2	7			5		1		
			2			3		1
6					3			5
3					9	6		2

	5						1	
4					8		9	
	2			4				8
		3			1		6	7
	9						5	
6	7		5			3		
9				2			8	
	1		7					6
	4						2	

No.017

	8							2
				7			9	
1			4		3		6	
		3			9		8	6
			1		2			
4	1		7			5		
	6		9		7			3
	5			8				
9							7	

-30-

			9	3		7	8	
		7	6				5	
		1			2		6	
	1	4	7	9				6
5		3				1		4
6		2		5	4	8	3	
	6		5			9		
	4					2		
	3	9		1	8			

No.019

7	8			1	5	4		3	
1	3				6	9		8	
		9			8	7	1		
	4	6							
8		7		6	3			2	9
5	2				9	1		6	7
					4			5	1
	9	5				6	2	7	
4				5	7	2	3	9	8

	1			2	3	4		8
7	3		1		8			6
	2	6	9	4	7	5	3	
2			4					3
3		1	5		2	9		
9	7							2
	8	3	7	9	4	6	2	
	9	2		3			1	
			2		6	3		9

No.021

	3	4	6		8	9		2
6		2		9	5		4	
	9		3		2	5	6	7
8	5	9		6			2	3
		6	8		3		9	1
	1	3		2	4		5	6
9		1	5	3		2		4
2	8	7	4		9	6	3	
	4	5		8	6	1	7	

-34-

4				1			8	
								3
9	1	7			3		5	
8		5		3				
1			7		4			
	7	4		9				2
2	9		8	7			4	5
			2					
5			3			7		6

No.023

7			1					9
	2		3			7		
4		9						
	6		8			2		
	7				1		5	
					4	9		
	4	6			5			2
	1				6	8		

			6	7	2			8
6			8		1	7		
8	2		5			3	6	1
			4	1	5	8		7
3	7	4	9				5	
1	8			6	3	9		
		6	1	5	7	2		
			2					
2				9		5		

No.025

			3	9	1	2	4	7
			7			1	9	
1	7		4					3
	6		5					1
8	1			7			3	
4			1	8	9	5		6
6		8	9		7	3	1	
			2	1		9		
2		1				6		

1				7		9		2
		4			5	7	3	6
8					2		5	
					3		4	
			1				6	9
2				9		1		
				3				
7		2		4		8		
3	1	6			7			4

No.027

6	1			2				
				3	5			
	5					8	1	3
		8			9			1
	2	9	5		1	7		
5	6		4	7	3		8	
		2		9			7	
7								9
		6				2		

-40-

No.028

		3	1					4
9								
	2		5				1	
1				8				
		8	7	3				2
		4			9			
	7	1			6		4	
3				5				6
		6			3		9	

No.029

	4	3		8				
8		2				4	1	
			7					3
	6		8			3	7	
			6	1			9	4
2				4				
7	2	6		5	3		4	8
1				7	9			
	9	4		6	8	7	5	1

No.030

	1						8	
			9		6	5		7
		9		7	8			
	3	5				2	7	
		7	6					
	9			3		1		8
2		1	5					
9		3		2	7	4	5	1
8		4	1	6	3	7	9	

각 문명의 숫자

인류는 각 지역에서 다양한 문명을 탄생시키면서 문명마다 고유의 숫자 체계를 만들었습니다. 각 문명마다 숫자 체계를 만들고 숫자를 독자적으로 표기하였으며 훗날 문화적 교류가 발생할 때마다 발전을 거듭하게 됩니다.

* 이집트 문명의 숫자

이집트 숫자는 문명의 역사만큼 오래전부터 쓰였습니다. 기원전 3000년 무렵부터 쓰였던 것으로 추측됩니다. 상형 문자로 표기된 숫자는 십진법으로 작성되었으며 해당 숫자 체계에서는 '0'의 표기가 없습니다.

값	1	10	100	1000	10000
상형문자	l	∩	၄	⚚	♪

* 메소포타미아 문명의 숫자

메소포타미아 문명의 숫자 체계는 60진법이었습니다. 숫자의 표기를 쐐기 문자(설형문자)로 점토판에 새겨서 기록을 남겼습니다. 특히 60진법 체계는 오늘날에도 시간이나 각도 등에 여전히 사용될 정도로 실용적이고 편리한 체계였습니다.

* 고대 로마 문명의 로마 숫자

로마 숫자는 에트루리아인이 사용한 기수법에서 유래하였다고 합니다. 로마 숫자는 아래의 도표처럼 나타낼 수 있습니다. 기본적으로 기호를 조합해서 합산하는 방식으로 사용되었으며 이것을 가법적 기수법이라고 합니다. 로마 문명이 제국을 이루면서 유럽에서 보편적으로 사용되었으나 아라비아 숫자가 전파되면서 더는 일상적인 사칙연산에 사용되지 않게 되었습니다.

1	2	3	4	5
I	II	III	IV, IIII	V
6	7	8	9	10
VI	VII	VIII	IX , VIIII	X
20	30	40	50	60
XX	XXX	XL	L	LX
70	80	90	100	500
LXX	LXXX	XC	C	D

	9		8	3	1			7
7		6	2				4	
5				4		2		1
			9				6	
9		7	1		6	5		8
	3				4			
4		8		9	5			2
	7				2	9		
1			3	6	8		7	

			7		8	3		
		7		6	1		2	
5		8		3	2	6	1	
	3			7	9		8	5
			3		5	7		
		1	6			2	3	
			8	2	6		9	
9	6	5		4				
2	8			5	7	4	6	

No.033

1				2			9	
	9			8	1		5	
5		7		3		8		
	5		8				4	2
		4	9		6	1		
3	6				7		8	
4		2		9		5		3
	8		4	7			1	
	1			6				8

-48-

							7	
			1	4		8	6	2
		6			2		1	9
	2	9	7		1			
5	7	8			6	1	9	
	6			9				
			3			7		
	3		9		5	6	4	8
	4	5	2	8				1

1			7		4			6
		9				3		
	6	3	8	9	5		7	
4		1				6		3
		5				7		
3		7				8		5
	3		1	4	9		6	
		4				9		
9			2		8			4

No.036

	2	6					8	
5	9							3
8		4	9		1	5		7
		9		4		3		
			6		8			
		3		1		8		
6		8	4		5	2		1
3								9
	4	5				6	7	

No.037

	8						1	
					3			
3		7	2		5	4		8
4		6		8		9		3
		8	3		6			
9		1				8		6
1		3	5		8	7		4
			1		9			
	5						3	1

9	7					1		
4			5	6			9	
8			3			2	5	4
	8	3		4	5		6	
	2		6		3		4	
	5		1	7		3	8	
2		7			9			3
	9			1	6			5
		1	7		4	9	2	8

No.039

	3				6			4
6			8		1			2
		2		4		9		5
	4			3	2		8	
		6				1		
	7		5	1			4	
4		3		7		6		
2			3		4			1
5			9				3	

-54-

		4			7			2
		8		9			6	
	6			3	5	7	9	
	1			6	4			9
	7		3		2		5	
2			9				3	
	8	5	1	2			7	
	3		5	4		8		
9			8			6		

No.041

			4	7			5	
8		6			3		9	1
5		4	6		1		2	
		9			5			6
			3		4			
1			2			7		
	8	5	9		2	1		4
9	3		8		7	2		
	2			5	6			

-56-

		3		1			9	
	9		4		5	6	1	2
	2		8			7		
9	1	4		5				
	6						4	
2				6		1	7	3
		6			9		8	
5	4		2		1		6	
	7			4		9		

2				9	3		5	7
		7		5		8		
5	1	9		8		3		
	4				1			5
7		2				1		9
8			2				6	
		8		1			2	6
		3		2		4		
4		5	7	6				3

No.044

7		3			4		2	5
	1	8		3		6		7
			2					8
		4	1		5		7	
3		2				9		1
	7	1	6			5		
5			7		2			
8		9		1		7	5	
	2		9			4		6

No.045

	8	1	5	4				
							8	4
5	1		4		9	6	7	
6			7	5			3	
	7				6			9
		6			3	4		
	5	8	9				6	
	4		1					

		1	9			6		
	4	9				8		
					3	5	4	
1			4		9			3
3							2	
9	6	2	3	7				5
		6						
7			1		6	2	8	
						3		

		2			3			
				4				7
1	3			8			5	
		9					6	
6	2				8	4		
		5		2				
8	6			3			1	
9								
			1			5		

9		2				1		
	4		2		7		3	
				5				
	8			6				
		1	5		8	3		
				4			5	
		4						7
	7		8		3		2	
				6				

No.049

				2	7			4
6	9	4	8		3			
						6		
2		1	3		9		4	
				7				2
7						1	9	
		6		5	1		7	8
	5		7					
	4		9	8			6	

			7		1		9	4
	4			9		3		2
		5		4				8
		3			5		4	
	7	2	6		4	8	3	
	1	4	9	3		6		
3				8		9		
		7		2			5	
6	2		1		7			

숫자의 체계

현재 우리가 쓰고 있는 숫자 체계는 십진법을 보편적으로 사용하고 있지만, 필요에 따라서 다양한 진법을 분야에 맞게 적용하여 사용하고 있습니다. 이번에는 어떤 진법들이 어디에 어떻게 사용되는지 알아보겠습니다.

*2진법

2진법은 두 종류의 숫자만을 사용하여 수를 나타내는 수 체계입니다. 언제부터 사용되었는지는 알 수 없지만 대게는 0과 1의 기호를 씁니다. 현대에 컴퓨터 내부에서 처리하는 언어들은 기본적으로 2진법을 사용하여 만들어지며 처리되고 있습니다. 이유는 "전자회로의 켜짐(1), 꺼짐(0)" 두 가지 상태를 가장 안정적이고 효율적으로 구분하고 전달할 수 있어 오류가 발생하지 않기 때문입니다.

*10진법

10진법은 고대 문명에서부터 널리 사용되었고 오늘날 우리가 물건을 세거나, 사칙연산, 거리를 재거나 무게를 재는 등 거의 모든 행위에서 10진법이 사용되고 있습니다. 사람의 손가락이 10개인 것에서 유래한 만큼 보편적으로 편리하게 사용하고 있습니다.

*11진법

11진법은 ISBN에서 사용됩니다. 체크 디지트는 0, 1, 2, 3, 4, 5, 6, 7, 8, 9, X를 사용하는데 이 부분이 11진법입니다.

*12진법

12진법은 10진법만큼 오래전부터 사용되었고, 현대 사회까지 유용하게 사용되고 있습니다. 시간이나 달력에서 12진법이 여전히 사용되고 있습니다. 하루 24시간을 오전 12시간 오후 12시간으로 나누어 시간을 세는 것이나 일 년을 12달로 나누어 표현하는 것 등은 12진법의 흔적입니다. 연필이나 펜을 세는 단위 '다스'도 12진법의 흔적입니다.

*60진법

60진법은 수메르인이 사용한 만큼 아주 오래전부터 사용되었습니다. 현재는 1시간을 60분으로 1분을 60초로 세는 것에 녹아들었습니다. 그밖에 천문학이나 기하학에서 사용되는 1도 60분이 1분이 60초인 각도 체계도 60진법의 흔적입니다.

No.051

					9	6		
2	5	6			4			9
			5		6	2	1	
	2					1	9	6
7			9		1			3
9	4	1					8	
	9	4	1		7			
3			4				5	1
		8	2					

		2	5		7	9		
5			2		4			3
9	3	1				6		7
		4	3		1	8		
	5						3	
7		6		1		3		4
1	9						7	2
			7		8			

No.053

3			7		2			
6	8	4				3		2
7		5		8		1	9	4
4		2		6		8		
1		8				7		9
		7		3		4		5
2	9	3		7		5		1
5		1				2	8	6
			1		5			7

3			1	2		5	6	7
2	6			3		4		8
5			4			3		9
7		6			9		4	
	1	2				8	7	
	4		7			6		3
4		3			1			
1		8		6			5	2
	5	9		8	7			4

8		5				2		1
		4			7		9	
1		9			2	7		3
		2	8					9
		7				4		
6					9	5		
9		6	3			1		8
	8		5			6		
2		1						5

		4			1	6		
7		2			4			9
		5			3		8	
		8		2		4		
9		7	8		6	5		1
		1		7		8		
	5		4			9		
4			5			3		6
		3	9			2		

		2		3				6
		5			4			3
9	3		8	7		4	1	
					9		7	8
2				1				
				4	8			
	8					3		
3			1				9	7
	9						6	

1	3	6	8	5	7			9
2					6			8
		8	4		2	3	1	6
3			5				6	
	8	2		4		5		1
5	4			6	3		9	7
4		5	1			9	7	3
9				3	4	1		5
	1							4

	6	7				9	2	
	3		8	2	7		6	
	8		4		9		1	
3				5				9
6			7	1	2			3
2				8				1
	2		1		5		3	
	5		2	7	6		9	
	9	6				7	5	

	7	2	1	5	3	8	6	
		5	2		6	3		
	1						2	
1		7		8		5		2
	9		3		5		1	
3		6		2		4		8
	2						5	
		9	4		2	6		
	6	1	5		8	2	4	

No.061

	1		6		7			
3		5		1		4		
2		9	4		3		8	
9			7	8	6			1
	4	7				8	9	
1			5	9	4			6
	9		3		1	5		
		6		4		3		9
			9		8		2	

-78-

		5	8				3	
1				3	4			8
		8		9		4		7
	3							2
	5	2				9	7	
9							8	
7		4		2		8		
			4	5				1
	1				6	3		

No.063

9		5		6	8			4
		4	2	9				1
			5			9	6	
			6					3
	3						2	
8					3			
	5	7			9			
4					2	8		
2			3	5		4		9

-80-

No.064

9					1			8
8		4	9		2	7		
	3			8			5	
3	8						2	
		2				6		
	1						9	3
	5			3			6	
		8	1		5	3		
7			8					2

No.065

	2	9	7		8	1		
4		7			9			
5					4		7	
	9			1		7		
		2	9		3	5		
		5		4			9	
			8					7
			2			6		3
		6	4		1	2	8	

4					1		9	
				9		6	4	
					7	8		3
	8						1	7
		1		7	9	5		
2	5						8	
6		4	9					
	9	3		8				
	7		2					6

	9	7		1			4	
1			7	6				
6			2			1		
	6			4		9	2	5
3	1	4		2			6	
		1			2			4
				5	8			
	3			7		8	9	

		9			2	7		3
			3	8				4
		4	9					
	1			9			8	
4				1				7
	5			6			2	
						5		
2				3	9			
9		5	8			6		

No.069

			3		5	9		
8	5		6				2	
		9						5
						3	1	
2			7	1	6			9
	4	1						
5						2		
	2				9		8	6
		3	8		4			

-86-

1	4	9			7		6	
			8	1		2		
		8						
			4	7	2			8
3								2
2				3	1			
						1		
		1		5	9			
	9		1			7	4	5

가우스의 일기장

요한 카를 프리드리히 가우스는 위대한 수학자라고 불릴 만큼 많은 업적을 남긴 사람입니다. 1777년 4월 30일 독일에서 태어났고 어려서부터 재능을 드러냈습니다. 그 일화로 지금까지 전해지는 것 중에 유명한 것을 하나 적어보겠습니다.

어린 시절 선생님이 "1부터 100까지의 숫자를 모두 더한 값을 구하라"는 문제를 내주었는데 상당히 오랜 시간이 걸릴 것으로 생각하였는데 가우스가 아주 짧은 시간 안에 문제를 풀어냈다고 합니다. 스스로 등차수열의 합 공식을 고안해서 풀어냈다는 것입니다. 어린 나이에 스스로 등차수열을 고안할 정도로 수학적 재능이 뛰어났던 것으로 보입니다.

가우스의 성격은 매우 철저했다고 전해집니다. 이런 성격으로 인해서 내용이 100퍼센트 완벽하게 정리되기 전까지는 절대 발표하지 않았다고 합니다. 그런 가우스도 일기장에서만큼은 자신의 감정을 표현했다고 합니다.

가우스의 일기는 1796년 3월 30일부터 1814년 7월 9일까지 쓰였고, 사후 1898년에 발견되었습니다. 가우스가 발표하지 않은 발견이나 친구들과의 편지에 매우 짧게 언급했던 연구 결과들이 담겨있었다고 합니다. 총 140가지가 넘는 발견에 대한 간단한 증명과 계산 결과, 주장들이 담겨있었는데 이것이 제때 발표되었다면 인류의 역사가 바뀌었을지도 모른다고 주장하는 학자도 있었다고 합니다.

실제로 누군가가 최초로 발견해서 발표한 발견들이 가우스의 노트 한쪽에 끄적여져 있었다는 일화는 유명합니다.

요한 카를 프리드리히 가우스의 연도별 업적 정리

1796년: 19세에 정수론에서 중요한 정리인 정17각형 작도 가능성
      을 발견.

1799년: 박사학위 논문에서 대수학의 기본정리를 최초로 엄밀히 증명.

1801년: 저서 ≪Disquisitiones Arithmeticae≫ 출간 → 정수론의 기
      초를 확립.

1801년: 소행성 세레스(Ceres)의 궤도를 계산하여 천문학적 명성
      을 얻음.

1809년: 저서 ≪Theoria Motus Corporum Coelestium≫ 출간하여 천
      체역학의 기초 확립.

1818년: 측지학(지구 측량)연구 시작, 지구 곡률과 지도 제작에 기여.

1831년: 빌헬름 베버와 함께 전기·자기 연구착수, 전자기학 발전에
      기여.

1833년: 베버와 함께 최초의 전신(telegraph)장치 개발.

1838년: 영국 왕립학회로부터 자기장 측정과 관련된 수학적 연구 업
      적을 인정받아 **코플리 메달** 수상.

1855년: 괴팅겐에서 서거.

No.071

						9		5
		5		4				
8				1	2	7		
7		9			8		3	
					4			
	4		6			8		7
		1	4	7				3
				3		6		
5		6						

		2			8	6		
					4			1
9	7						4	
			1	5	2			7
		7						
1		5	4	2				
	3						8	5
7			9					
		8	6			4		

	4	9	8		1	2	5	
		1					8	
					9	6	1	3
						8		2
2		8	3					5
				8	4			
	6	2		1	5			
		5	7			4	2	
3		4						1

No.074

4		9					6	
		2		9		4		
		8	7	6	4	9		
3	4			7	1			2
			3				8	5
					6	3		7
6							3	4
	1		4	2				
		4		8				

No.075

		6		4			3	
	3					6		9
			1	3		8		
	2						7	
			2	9	4			5
	1					9		
			3	2	8			
6								
4							5	

	6				7			1
		1		8		7	6	2
2				1		4		
	9				8			5
					9			
	3		5	6		2		
9			8			5		
		8	7	4				
	7			9		8		

		6		3	1		7	
4	3	7			5			
	1		4	6	7			8
	2	9	1	7	8	3		
							2	6
3				5				
8		5			4	9	1	
		3	5		9		8	7
7	9			8	6			4

4		9	2	7				
			4				3	
	1	6	8					7
			6		9		2	
8		4	5		1	7	6	3
2	6	5	7		8	4		9
1				6				
	4	2				3	8	
						1		4

5	3			4			2	
6	4	9			2		1	3
8			1		6			
9				8				1
	7		6	1				
	8	5			4			6
2								
			3	2	8			
7			9					8

	4		6		9	1		
	2		1			9	3	
8			3				2	
9	1					7	4	
		7			3	5	9	
2	5	4		9				8
						8	5	9
	7			8			1	

No.081

		1		5				8
			6			9		1
			9		3			
	8			7				
		7	1	6	2	5		9
9					8	7	4	6
	2				5	8		
1						3		
	7	4	8		1			

-100-

No.082

1		7		9	6			3
3					8		5	
			7		3			
						3	8	
		8	3					6
	6			8		4	9	
6	7		5				4	
		1			9			
		9	8	2	7		3	

No.083

9					6		3	
	3						6	4
		1	4					
7			2	4	3	9		
	1				5		2	
4							8	3
	2	7						
5					9	8		
1	9	8		7		2		6

-102-

No.084

	5							2
	7	2	9		3			
		8				1	9	7
1		3		7			8	
					2		3	4
		6						9
8		7	3		5			
		4			6			1
2				9		4	7	

No.085

	7	2	5			9	8	
	4		8					
		1	6		9	2	5	
	8	4	7			1	9	6
				1	8	7		
	5							
	1				2	3		
7		3			5			
			7				6	

		1	3					6
7		3			6			1
2			8				4	
				6		5	3	
3	7	4		9		1		2
8	6	5						
			4	2		9	1	
				8		2		
	3		9					

No.087

1		9				6		
	8			9	7			3
			4					
	7			2	3			9
				5				
		8					7	
	2		5					
			8					4
		6		4	2	3		

	2	9	7		3			
5	6	1	9					4
8		2	1	5	7			6
	4	5				2	1	
				8			5	
		4				5	3	
6		3		4			2	
					1		4	

No.089

		9				4		2
			3		4		6	9
	5	4		9	6			
							7	
1	7						2	
			1	2	7	6	9	5
	2		5		9			7
		1	7	8		9	4	
		7			3			

-108-

5							2	
		6	1					4
				7	3			9
3					9		7	
4		9			7	6		
7				5				
1	4	5		9				7
	7		8	1	5	4		2

피타고라스 학파와 히파수스

피타고라스는 수학사에서 보면 매우 위대한 사람입니다. 그의 제자들은 그의 연구 결과를 신봉하며 학파를 이루게 되었는데 그것을 '피타고라스학파'라고 합니다. 히파수스(Hippasus)도 피타고라스학파의 일원이었습니다.

피타고라스학파는 자연수와 유리수만 인정했지, 무리수를 인정하지 않았습니다. 즉 모든 수는 자연수의 비율로 표시될 수 있다고 보았던 것입니다. 그런데 히파수스는 피타고라스 정리를 연구하면서 $\sqrt{2}$라는 무리수의 존재를 발견하였습니다.

당시에 무리수의 발견은 피타고라스학파에는 큰 충격이었고 이 사건으로 말미암아 학파에서 히파수스를 물에 빠뜨려 죽였다는 전설로 이어지게 됩니다. 다만 히파수스의 생애에 대해서 전해지는 바가 없고 실제로 학파에서 그를 배신자로 낙인찍고 진짜로 배척하여 죽였는지는 아무도 알지 못합니다.

사실 논리적으로 생각해 보면 어쩌면 히파수스가 무리수를 최초로 발견한 것은 아니었을 가능성이 높습니다. 피타고라스 정리를 고안하다 보면 필연적으로 무리수를 발견할 수밖에 없습니다. 하지만 피타고라스학파는 무리수를 인정하지 않았기에 그것을 비밀에 부쳤는데 히파수스가 그 비밀을 깬 것에 분노한 것일지도 모르겠습니다. 자신들의 잘못된 신념이 깨진 것에 대한 분노였을 것입니다.

디오게네스 라에르티오스의 『철학자들의 생애와 사상』에 히파수스에 관한 이야기가 언급된다는 점에서 히파수스가 실존 인물이었을 가능성이 높아 보입니다. 히파수스가 정십이면체에 관하여 쓴 책《열두 개의 정오각형을 갖는 구》라는 도서가 있다고 하나 현재는 전해지지 않고 있습니다.

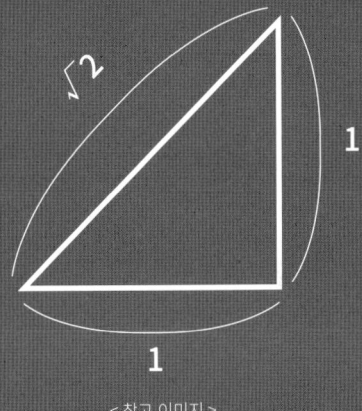

< 참고 이미지 >

1				6		9		
		6	3					
7	2	8			9		3	
							2	
					6			4
			2	4	1			9
		9	1					7
5	8				3			
		3	2					

			4	2				8
		7			5			
2	5	4	6				1	
	6		5	9		3	7	4
5		8					2	9
	7		1					
				7				6
			3				8	1
		1			6		4	

	9	6						8
			3				4	
			2	4				
		1					8	9
			8		3	7		
		7	5	9				
		2	4	5	1			
1		5			6	9		
3	7		9	8		1	6	

			9		8	7		
9					2	6		5
			6	7				
		9		4	7			
						1		
		6	1		5	3		
5		3		8		9		6
6	2	7				8	5	
1				2			7	

1	3		6	8	5			
								2
	6			1	9		3	8
		1					4	
	5		4		3			
3			8					6
4	2	7	5	6		9		
		5			2		8	
	8				7			

1			7			4	2	9
	6							
		4			8			1
4	9							
	1			9		7	4	5
	5		2	8			9	6
					1	2	5	7
			6	7			8	
				4	9			

No.097

			4		9			
		6		8		7		
2	8		7		5		9	
	7	2	5				8	4
	3		6				5	
		9	8					3
4						3	7	
7	6	3						
		8				5		1

	4							
		8		6	4		9	1
6		2				7		3
	6	7				3		
	9	3		2	7	5	8	
			6		3			9
		5				9	6	2
2	7						1	
		1						

3					1	9		
				7		4		
1			4	2				
5	3	1					7	
	4	9						
			6					
	9				2		5	7
2								
			1	9			8	

No.100

	6							5
9					1			
	1			7				2
6		2			4		3	
				5			4	
	4			1				
		7			2			6
2				9		7		
3							1	

★ 정답

No.001 — 12p

9	8	6	1	7	2	5	3	4
5	7	2	9	3	4	6	1	8
4	3	1	5	8	6	2	7	9
8	6	5	4	2	1	7	9	3
1	4	3	7	9	5	8	6	2
2	9	7	3	6	8	1	4	5
7	1	9	8	5	3	4	2	6
3	2	8	6	4	7	9	5	1
6	5	4	2	1	9	3	8	7

No.002 — 13p

9	2	5	1	3	4	8	7	6
8	3	4	7	6	9	1	2	5
6	7	1	5	8	2	3	9	4
1	4	2	9	5	3	6	8	7
7	9	8	4	2	6	5	1	3
5	6	3	8	7	1	9	4	2
2	8	7	3	1	5	4	6	9
3	1	9	6	4	7	2	5	8
4	5	6	2	9	8	7	3	1

No.003 — 14p

5	8	3	7	6	9	1	4	2
9	6	1	4	2	5	7	8	3
2	4	7	8	1	3	6	5	9
6	1	5	3	7	2	4	9	8
3	2	4	6	9	8	5	1	7
8	7	9	1	5	4	2	3	6
7	5	8	9	4	6	3	2	1
4	9	6	2	3	1	8	7	5
1	3	2	5	8	7	9	6	4

No.004 — 15p

9	3	4	5	1	2	8	6	7
2	5	6	9	7	8	4	1	3
8	1	7	4	6	3	9	2	5
6	9	5	7	3	4	1	8	2
4	8	1	6	2	5	3	7	9
7	2	3	1	8	9	5	4	6
1	7	9	3	4	6	2	5	8
3	6	2	8	5	1	7	9	4
5	4	8	2	9	7	6	3	1

No.005 — 16p

6	5	8	4	2	1	9	3	7
7	1	4	3	9	5	6	2	8
3	9	2	8	6	7	5	1	4
8	3	6	5	7	2	1	4	9
9	4	7	1	3	8	2	6	5
5	2	1	9	4	6	8	7	3
1	7	5	6	8	3	4	9	2
2	8	9	7	1	4	3	5	6
4	6	3	2	5	9	7	8	1

No.006 — 17p

1	6	2	8	4	7	3	5	9
4	5	9	3	1	2	6	8	7
8	7	3	6	5	9	1	2	4
9	3	5	4	7	6	2	1	8
2	4	1	9	8	5	7	3	6
7	8	6	2	3	1	9	4	5
3	1	7	5	9	8	4	6	2
6	9	8	1	2	4	5	7	3
5	2	4	7	6	3	8	9	1

No.007 — 18p

3	7	5	6	1	2	8	9	4
1	8	2	4	9	5	6	7	3
4	6	9	7	8	3	5	1	2
8	5	4	3	2	7	9	6	1
9	3	6	1	4	8	7	2	5
2	1	7	9	5	6	4	3	8
6	9	8	5	3	1	2	4	7
5	4	3	2	7	9	1	8	6
7	2	1	8	6	4	3	5	9

No.008 — 19p

6	4	1	8	3	7	5	2	9
3	9	7	6	2	5	8	1	4
2	5	8	9	4	1	6	7	3
8	6	3	4	7	9	1	5	2
4	7	5	3	1	2	9	6	8
9	1	2	5	8	6	3	4	7
7	2	6	1	9	8	4	3	5
1	8	4	2	5	3	7	9	6
5	3	9	7	6	4	2	8	1

No.009 — 20p

9	2	3	1	5	8	7	6	4
8	7	6	9	2	4	1	5	3
4	5	1	7	6	3	2	9	8
6	3	8	4	9	1	5	2	7
1	9	5	2	3	7	8	4	6
2	4	7	5	8	6	3	1	9
3	1	9	8	4	5	6	7	2
7	6	4	3	1	2	9	8	5
5	8	2	6	7	9	4	3	1

No.010 — 21p

2	5	8	3	7	9	6	4	1
4	3	6	1	5	2	9	8	7
7	9	1	6	8	4	5	2	3
9	4	3	2	1	7	8	5	6
6	8	2	5	9	3	1	7	4
5	1	7	4	6	8	3	9	2
8	6	9	7	4	1	2	3	5
1	2	4	9	3	5	7	6	8
3	7	5	8	2	6	4	1	9

No.011 — 24p

3	2	7	8	9	5	6	1	4
4	8	1	7	2	6	5	9	3
5	9	6	3	1	4	2	8	7
2	3	5	1	6	8	4	7	9
6	1	8	9	4	7	3	2	5
7	4	9	2	5	3	1	6	8
1	7	2	5	3	9	8	4	6
8	5	4	6	7	2	9	3	1
9	6	3	4	8	1	7	5	2

No.012 — 25p

2	5	6	3	8	9	1	7	4
3	7	4	1	2	6	5	9	8
8	9	1	5	7	4	6	2	3
5	3	7	4	1	2	8	6	9
9	1	2	6	5	8	3	4	7
6	4	8	7	9	3	2	1	5
7	2	3	9	6	5	4	8	1
4	6	9	8	3	1	7	5	2
1	8	5	2	4	7	9	3	6

No.013 — 26p

8	2	9	5	3	1	7	4	6
7	1	5	4	8	6	9	2	3
4	6	3	2	7	9	1	8	5
1	4	8	3	5	7	6	9	2
9	5	7	6	2	8	3	1	4
6	3	2	9	1	4	8	5	7
2	9	1	7	4	3	5	6	8
3	8	4	1	6	5	2	7	9
5	7	6	8	9	2	4	3	1

No.014 — 27p

5	4	3	1	6	7	9	2	8
7	2	1	4	8	9	3	5	6
6	8	9	2	3	5	1	4	7
1	9	2	8	5	3	6	7	4
8	5	7	6	4	1	2	9	3
4	3	6	7	9	2	8	1	5
9	7	8	5	2	6	4	3	1
2	6	5	3	1	4	7	8	9
3	1	4	9	7	8	5	6	2

No.015 — 28p

7	3	8	6	2	1	5	4	9
4	2	6	9	3	5	7	1	8
5	9	1	7	4	8	2	6	3
1	6	3	4	9	2	8	5	7
8	4	5	3	1	7	9	2	6
2	7	9	8	5	6	1	3	4
9	5	7	2	6	4	3	8	1
6	8	2	1	7	3	4	9	5
3	1	4	5	8	9	6	7	2

No.016 — 29p

3	5	8	9	6	7	4	1	2
4	6	7	2	1	8	5	9	3
1	2	9	3	4	5	6	7	8
5	8	3	4	9	1	2	6	7
2	9	4	6	7	3	8	5	1
6	7	1	5	8	2	3	4	9
9	3	5	1	2	6	7	8	4
8	1	2	7	5	4	9	3	6
7	4	6	8	3	9	1	2	5

No.017 — 30p

3	8	5	6	9	1	7	4	2
6	4	2	8	7	5	3	9	1
1	7	9	4	2	3	8	6	5
7	2	3	5	4	9	1	8	6
5	9	8	1	6	2	4	3	7
4	1	6	7	3	8	5	2	9
8	6	4	9	1	7	2	5	3
2	5	7	3	8	6	9	1	4
9	3	1	2	5	4	6	7	8

No.018 — 31p

4	2	6	9	3	5	7	8	1
9	8	7	6	4	1	3	5	2
3	5	1	8	7	2	4	6	9
8	1	4	7	9	3	5	2	6
5	7	3	2	8	6	1	9	4
6	9	2	1	5	4	8	3	7
1	6	8	5	2	7	9	4	3
7	4	5	3	6	9	2	1	8
2	3	9	4	1	8	6	7	5

No.019 — 32p

7	8	2	1	5	4	9	3	6
1	3	4	2	6	9	7	8	5
6	5	9	3	8	7	1	4	2
9	4	6	7	2	8	5	1	3
8	1	7	6	3	5	4	2	9
5	2	3	4	9	1	8	6	7
2	7	8	9	4	3	6	5	1
3	9	5	8	1	6	2	7	4
4	6	1	5	7	2	3	9	8

No.020 — 33p

5	1	9	6	2	3	4	7	8
7	3	4	1	5	8	2	9	6
8	2	6	9	4	7	5	3	1
2	6	8	4	7	9	1	5	3
3	4	1	5	8	2	9	6	7
9	7	5	3	6	1	8	4	2
1	8	3	7	9	4	6	2	5
6	9	2	8	3	5	7	1	4
4	5	7	2	1	6	3	8	9

No.021 34p

5	3	4	6	7	8	9	1	2
6	7	2	1	9	5	3	4	8
1	9	8	3	4	2	5	6	7
8	5	9	7	6	1	4	2	3
4	2	6	8	5	3	7	9	1
7	1	3	9	2	4	8	5	6
9	6	1	5	3	7	2	8	4
2	8	7	4	1	9	6	3	5
3	4	5	2	8	6	1	7	9

No.022 35p

4	3	2	9	1	5	6	8	7
6	5	8	4	2	7	9	1	3
9	1	7	6	8	3	2	5	4
8	6	5	1	3	2	4	7	9
1	2	9	7	6	4	5	3	8
3	7	4	5	9	8	1	6	2
2	9	6	8	7	1	3	4	5
7	4	3	2	5	6	8	9	1
5	8	1	3	4	9	7	2	6

No.023 36p

7	3	5	1	4	8	6	2	9
6	2	1	3	5	9	7	8	4
4	8	9	6	2	7	5	1	3
5	6	4	8	7	3	2	9	1
3	9	2	5	6	1	4	7	8
1	7	8	4	9	2	3	5	6
8	5	3	2	1	4	9	6	7
9	4	6	7	8	5	1	3	2
2	1	7	9	3	6	8	4	5

No.024 37p

5	3	1	6	7	2	4	9	8
6	4	9	8	3	1	7	2	5
8	2	7	5	4	9	3	6	1
9	6	2	4	1	5	8	3	7
3	7	4	9	2	8	1	5	6
1	8	5	7	6	3	9	4	2
4	9	6	1	5	7	2	8	3
7	5	3	2	8	4	6	1	9
2	1	8	3	9	6	5	7	4

No.025 — 38p

5	8	6	3	9	1	2	4	7
3	2	4	7	6	8	1	9	5
1	7	9	4	2	5	8	6	3
9	6	2	5	3	4	7	8	1
8	1	5	6	7	2	4	3	9
4	3	7	1	8	9	5	2	6
6	5	8	9	4	7	3	1	2
7	4	3	2	1	6	9	5	8
2	9	1	8	5	3	6	7	4

No.026 — 39p

1	6	5	3	7	4	9	8	2
9	2	4	1	8	5	7	3	6
8	7	3	9	6	2	4	5	1
6	9	1	7	5	3	2	4	8
5	4	7	2	1	8	3	6	9
2	3	8	4	9	6	1	7	5
4	8	9	5	3	1	6	2	7
7	5	2	6	4	9	8	1	3
3	1	6	8	2	7	5	9	4

No.027 — 40p

6	1	3	7	2	8	5	9	4
9	8	4	1	3	5	6	2	7
2	5	7	9	4	6	8	1	3
3	7	8	2	6	9	4	5	1
4	2	9	5	8	1	7	3	6
5	6	1	4	7	3	9	8	2
8	3	2	6	9	4	1	7	5
7	4	5	8	1	2	3	6	9
1	9	6	3	5	7	2	4	8

No.028 — 41p

6	8	3	1	9	7	2	5	4
9	1	5	3	4	2	6	8	7
4	2	7	5	6	8	9	1	3
1	3	2	6	8	5	4	7	9
5	9	8	7	3	4	1	6	2
7	6	4	2	1	9	5	3	8
8	7	1	9	2	6	3	4	5
3	4	9	8	5	1	7	2	6
2	5	6	4	7	3	8	9	1

No.029 — 42p

6	4	3	9	8	1	5	2	7
8	7	2	5	3	6	4	1	9
9	1	5	7	2	4	6	8	3
4	6	1	8	9	5	3	7	2
5	3	7	6	1	2	8	9	4
2	8	9	3	4	7	1	6	5
7	2	6	1	5	3	9	4	8
1	5	8	4	7	9	2	3	6
3	9	4	2	6	8	7	5	1

No.030 — 43p

7	1	6	2	5	4	9	8	3
3	4	8	9	1	6	5	2	7
5	2	9	3	7	8	6	1	4
6	3	5	4	8	1	2	7	9
1	8	7	6	9	2	3	4	5
4	9	2	7	3	5	1	6	8
2	7	1	5	4	9	8	3	6
9	6	3	8	2	7	4	5	1
8	5	4	1	6	3	7	9	2

No.031 — 46p

2	9	4	8	3	1	6	5	7
7	1	6	2	5	9	8	4	3
5	8	3	6	4	7	2	9	1
8	5	2	9	7	3	1	6	4
9	4	7	1	2	6	5	3	8
6	3	1	5	8	4	7	2	9
4	6	8	7	9	5	3	1	2
3	7	5	4	1	2	9	8	6
1	2	9	3	6	8	4	7	5

No.032 — 47p

6	1	2	7	9	8	3	5	4
3	4	7	5	6	1	9	2	8
5	9	8	4	3	2	6	1	7
4	3	6	2	7	9	1	8	5
8	2	9	3	1	5	7	4	6
7	5	1	6	8	4	2	3	9
1	7	4	8	2	6	5	9	3
9	6	5	1	4	3	8	7	2
2	8	3	9	5	7	4	6	1

No.033 — 48p

1	3	8	5	2	4	7	9	6
2	9	6	7	8	1	3	5	4
5	4	7	6	3	9	8	2	1
7	5	9	8	1	3	6	4	2
8	2	4	9	5	6	1	3	7
3	6	1	2	4	7	9	8	5
4	7	2	1	9	8	5	6	3
6	8	3	4	7	5	2	1	9
9	1	5	3	6	2	4	7	8

No.034 — 49p

9	1	2	6	3	8	5	7	4
7	5	3	1	4	9	8	6	2
4	8	6	5	7	2	3	1	9
3	2	9	7	5	1	4	8	6
5	7	8	4	2	6	1	9	3
1	6	4	8	9	3	2	5	7
8	9	1	3	6	4	7	2	5
2	3	7	9	1	5	6	4	8
6	4	5	2	8	7	9	3	1

No.035 — 50p

1	5	8	7	3	4	2	9	6
7	4	9	6	1	2	3	5	8
2	6	3	8	9	5	4	7	1
4	9	1	5	8	7	6	2	3
6	8	5	4	2	3	7	1	9
3	2	7	9	6	1	8	4	5
8	3	2	1	4	9	5	6	7
5	1	4	3	7	6	9	8	2
9	7	6	2	5	8	1	3	4

No.036 — 51p

1	2	6	3	5	7	9	8	4
5	9	7	2	8	4	1	6	3
8	3	4	9	6	1	5	2	7
7	8	9	5	4	2	3	1	6
4	5	1	6	3	8	7	9	2
2	6	3	7	1	9	8	4	5
6	7	8	4	9	5	2	3	1
3	1	2	8	7	6	4	5	9
9	4	5	1	2	3	6	7	8

2	8	5	9	6	4	3	1	7
6	1	4	8	7	3	5	2	9
3	9	7	2	1	5	4	6	8
4	2	6	7	8	1	9	5	3
5	7	8	3	9	6	1	4	2
9	3	1	4	5	2	8	7	6
1	6	3	5	2	8	7	9	4
7	4	2	1	3	9	6	8	5
8	5	9	6	4	7	2	3	1

9	7	5	4	2	8	1	3	6
4	3	2	5	6	1	8	9	7
8	1	6	3	9	7	2	5	4
1	8	3	9	4	5	7	6	2
7	2	9	6	8	3	5	4	1
6	5	4	1	7	2	3	8	9
2	4	7	8	5	9	6	1	3
3	9	8	2	1	6	4	7	5
5	6	1	7	3	4	9	2	8

7	3	9	2	5	6	8	1	4
6	5	4	8	9	1	3	7	2
8	1	2	7	4	3	9	6	5
1	4	5	6	3	2	7	8	9
9	2	6	4	8	7	1	5	3
3	7	8	5	1	9	2	4	6
4	9	3	1	7	5	6	2	8
2	8	7	3	6	4	5	9	1
5	6	1	9	2	8	4	3	7

3	9	4	6	8	7	5	1	2
7	5	8	2	9	1	3	6	4
1	6	2	4	3	5	7	9	8
5	1	3	7	6	4	2	8	9
8	7	9	3	1	2	4	5	6
2	4	6	9	5	8	1	3	7
4	8	5	1	2	6	9	7	3
6	3	7	5	4	9	8	2	1
9	2	1	8	7	3	6	4	5

No.041 — 56p

3	1	2	4	7	9	6	5	8
8	7	6	5	2	3	4	9	1
5	9	4	6	8	1	3	2	7
2	4	9	7	1	5	8	3	6
7	6	8	3	9	4	5	1	2
1	5	3	2	6	8	7	4	9
6	8	5	9	3	2	1	7	4
9	3	1	8	4	7	2	6	5
4	2	7	1	5	6	9	8	3

No.042 — 57p

6	5	3	7	1	2	4	9	8
7	9	8	4	3	5	6	1	2
4	2	1	8	9	6	7	3	5
9	1	4	3	5	7	8	2	6
3	6	7	1	2	8	5	4	9
2	8	5	9	6	4	1	7	3
1	3	6	5	7	9	2	8	4
5	4	9	2	8	1	3	6	7
8	7	2	6	4	3	9	5	1

No.043 — 58p

2	8	4	1	9	3	6	5	7
6	3	7	4	5	2	8	9	1
5	1	9	6	8	7	3	4	2
3	4	6	9	7	1	2	8	5
7	5	2	8	4	6	1	3	9
8	9	1	2	3	5	7	6	4
9	7	8	3	1	4	5	2	6
1	6	3	5	2	9	4	7	8
4	2	5	7	6	8	9	1	3

No.044 — 59p

7	9	3	8	6	4	1	2	5
2	1	8	5	3	9	6	4	7
4	6	5	2	7	1	3	9	8
6	8	4	1	9	5	2	7	3
3	5	2	4	8	7	9	6	1
9	7	1	6	2	3	5	8	4
5	3	6	7	4	2	8	1	9
8	4	9	3	1	6	7	5	2
1	2	7	9	5	8	4	3	6

No.045 — 60p

2	8	1	5	4	7	3	9	6
4	6	9	2	3	8	1	5	7
7	3	5	6	9	1	2	8	4
5	1	3	4	8	9	6	7	2
6	9	4	7	5	2	8	3	1
8	7	2	3	1	6	5	4	9
9	2	6	8	7	3	4	1	5
1	5	8	9	2	4	7	6	3
3	4	7	1	6	5	9	2	8

No.046 — 61p

5	3	1	9	8	4	6	7	2
6	4	9	2	5	7	8	3	1
8	2	7	6	1	3	5	4	9
1	8	5	4	2	9	7	6	3
3	7	4	5	6	1	9	2	8
9	6	2	3	7	8	4	1	5
4	9	6	8	3	2	1	5	7
7	5	3	1	9	6	2	8	4
2	1	8	7	4	5	3	9	6

No.047 — 62p

7	4	2	5	9	3	1	8	6
5	9	8	6	1	4	3	2	7
1	3	6	7	8	2	9	5	4
3	8	9	4	7	1	2	6	5
6	2	7	3	5	8	4	9	1
4	1	5	9	2	6	8	7	3
8	6	4	2	3	5	7	1	9
9	5	1	8	4	7	6	3	2
2	7	3	1	6	9	5	4	8

No.048 — 63p

9	5	2	6	3	4	1	7	8
1	4	6	2	8	7	5	3	9
8	3	7	1	5	9	2	6	4
4	8	5	3	6	2	7	9	1
7	6	1	5	9	8	3	4	2
2	9	3	7	4	1	8	5	6
3	1	4	9	2	5	6	8	7
6	7	9	8	1	3	4	2	5
5	2	8	4	7	6	9	1	3

No.049 — 64p

5	1	3	6	2	7	9	8	4
6	9	4	8	1	3	2	5	7
8	7	2	5	9	4	6	1	3
2	8	1	3	6	9	7	4	5
4	6	9	1	7	5	8	3	2
7	3	5	2	4	8	1	9	6
9	2	6	4	5	1	3	7	8
1	5	8	7	3	6	4	2	9
3	4	7	9	8	2	5	6	1

No.050 — 65p

2	3	8	7	6	1	5	9	4
7	4	6	5	9	8	3	1	2
1	9	5	2	4	3	7	6	8
9	6	3	8	7	5	2	4	1
5	7	2	6	1	4	8	3	9
8	1	4	9	3	2	6	7	5
3	5	1	4	8	6	9	2	7
4	8	7	3	2	9	1	5	6
6	2	9	1	5	7	4	8	3

No.051 — 68p

1	8	7	3	2	9	6	4	5
2	5	6	8	1	4	3	7	9
4	3	9	5	7	6	2	1	8
8	2	3	7	4	5	1	9	6
7	6	5	9	8	1	4	2	3
9	4	1	6	3	2	5	8	7
6	9	4	1	5	7	8	3	2
3	7	2	4	6	8	9	5	1
5	1	8	2	9	3	7	6	4

No.052 — 69p

6	7	3	1	8	9	4	2	5
4	1	2	5	3	7	9	6	8
5	8	9	2	6	4	7	1	3
9	3	1	8	5	2	6	4	7
2	6	4	3	7	1	8	5	9
8	5	7	4	9	6	2	3	1
7	2	6	9	1	5	3	8	4
1	9	8	6	4	3	5	7	2
3	4	5	7	2	8	1	9	6

No.053 70p

3	1	9	7	4	2	6	5	8
6	8	4	5	1	9	3	7	2
7	2	5	3	8	6	1	9	4
4	5	2	9	6	7	8	1	3
1	3	8	2	5	4	7	6	9
9	6	7	8	3	1	4	2	5
2	9	3	6	7	8	5	4	1
5	7	1	4	9	3	2	8	6
8	4	6	1	2	5	9	3	7

No.054 71p

3	9	4	1	2	8	5	6	7
2	6	7	9	3	5	4	1	8
5	8	1	4	7	6	3	2	9
7	3	6	8	5	9	2	4	1
9	1	2	6	4	3	8	7	5
8	4	5	7	1	2	6	9	3
4	2	3	5	9	1	7	8	6
1	7	8	3	6	4	9	5	2
6	5	9	2	8	7	1	3	4

No.055 72p

8	7	5	9	3	6	2	4	1
3	2	4	1	5	7	8	9	6
1	6	9	4	8	2	7	5	3
4	1	2	8	7	5	3	6	9
5	9	7	6	1	3	4	8	2
6	3	8	2	4	9	5	1	7
9	5	6	3	2	4	1	7	8
7	8	3	5	9	1	6	2	4
2	4	1	7	6	8	9	3	5

No.056 73p

8	9	4	7	5	1	6	2	3
7	3	2	6	8	4	1	5	9
6	1	5	2	9	3	7	8	4
3	6	8	1	2	5	4	9	7
9	2	7	8	4	6	5	3	1
5	4	1	3	7	9	8	6	2
2	5	6	4	3	7	9	1	8
4	8	9	5	1	2	3	7	6
1	7	3	9	6	8	2	4	5

No.057   74p

7	4	2	5	3	1	9	8	6
8	1	5	6	9	4	7	2	3
9	3	6	8	7	2	4	1	5
4	5	3	2	6	9	1	7	8
2	7	8	3	1	5	6	4	9
1	6	9	7	4	8	5	3	2
6	8	1	9	2	7	3	5	4
3	2	4	1	5	6	8	9	7
5	9	7	4	8	3	2	6	1

No.058   75p

1	3	6	8	5	7	2	4	9
2	9	4	3	1	6	7	5	8
7	5	8	4	9	2	3	1	6
3	7	9	5	8	1	4	6	2
6	8	2	7	4	9	5	3	1
5	4	1	2	6	3	8	9	7
4	6	5	1	2	8	9	7	3
9	2	7	6	3	4	1	8	5
8	1	3	9	7	5	6	2	4

No.059   76p

4	6	7	5	3	1	9	2	8
9	3	1	8	2	7	4	6	5
5	8	2	4	6	9	3	1	7
3	1	8	6	5	4	2	7	9
6	4	9	7	1	2	5	8	3
2	7	5	9	8	3	6	4	1
7	2	4	1	9	5	8	3	6
8	5	3	2	7	6	1	9	4
1	9	6	3	4	8	7	5	2

No.060   77p

9	7	2	1	5	3	8	6	4
4	8	5	2	9	6	3	7	1
6	1	3	8	7	4	9	2	5
1	4	7	6	8	9	5	3	2
2	9	8	3	4	5	7	1	6
3	5	6	7	2	1	4	9	8
8	2	4	9	6	7	1	5	3
5	3	9	4	1	2	6	8	7
7	6	1	5	3	8	2	4	9

No.061 78p

8	1	4	6	2	7	9	5	3
3	7	5	8	1	9	4	6	2
2	6	9	4	5	3	1	8	7
9	5	3	7	8	6	2	4	1
6	4	7	1	3	2	8	9	5
1	2	8	5	9	4	7	3	6
4	9	2	3	6	1	5	7	8
7	8	6	2	4	5	3	1	9
5	3	1	9	7	8	6	2	4

No.062 79p

6	4	5	8	7	1	2	3	9
1	9	7	2	3	4	6	5	8
3	2	8	6	9	5	4	1	7
8	3	1	9	6	7	5	4	2
4	5	2	3	1	8	9	7	6
9	7	6	5	4	2	1	8	3
7	6	4	1	2	3	8	9	5
2	8	3	4	5	9	7	6	1
5	1	9	7	8	6	3	2	4

No.063 80p

9	7	5	1	6	8	2	3	4
3	6	4	2	9	7	5	8	1
1	2	8	5	3	4	9	6	7
7	4	2	6	8	5	1	9	3
5	3	9	4	7	1	6	2	8
8	1	6	9	2	3	7	4	5
6	5	7	8	4	9	3	1	2
4	9	3	7	1	2	8	5	6
2	8	1	3	5	6	4	7	9

No.064 81p

9	7	5	3	6	1	2	4	8
8	6	4	9	5	2	7	3	1
2	3	1	7	8	4	9	5	6
3	8	6	4	7	9	1	2	5
4	9	2	5	1	3	6	8	7
5	1	7	6	2	8	4	9	3
1	5	9	2	3	7	8	6	4
6	2	8	1	4	5	3	7	9
7	4	3	8	9	6	5	1	2

No.065 82p

3	2	9	7	5	8	1	6	4
4	8	7	1	6	9	3	2	5
5	6	1	3	2	4	9	7	8
8	9	4	5	1	2	7	3	6
6	7	2	9	8	3	5	4	1
1	3	5	6	4	7	8	9	2
2	1	3	8	9	6	4	5	7
9	4	8	2	7	5	6	1	3
7	5	6	4	3	1	2	8	9

No.066 83p

4	6	8	3	2	1	7	9	5
7	3	2	5	9	8	6	4	1
5	1	9	6	4	7	8	2	3
9	8	6	4	5	2	3	1	7
3	4	1	8	7	9	5	6	2
2	5	7	1	6	3	4	8	9
6	2	4	9	3	5	1	7	8
1	9	3	7	8	6	2	5	4
8	7	5	2	1	4	9	3	6

No.067 84p

5	9	7	8	1	3	2	4	6
1	8	2	7	6	4	5	3	9
6	4	3	2	9	5	1	8	7
7	6	8	3	4	1	9	2	5
2	5	9	6	8	7	4	1	3
3	1	4	5	2	9	7	6	8
8	7	1	9	3	2	6	5	4
9	2	6	4	5	8	3	7	1
4	3	5	1	7	6	8	9	2

No.068 85p

8	6	9	1	4	2	7	5	3
5	7	1	3	8	6	2	9	4
3	2	4	9	5	7	8	1	6
6	1	2	7	9	3	4	8	5
4	9	8	2	1	5	3	6	7
7	5	3	4	6	8	9	2	1
1	8	7	6	2	4	5	3	9
2	4	6	5	3	9	1	7	8
9	3	5	8	7	1	6	4	2

No.069 — 86p

4	1	2	3	7	5	9	6	8
8	5	7	6	9	1	4	2	3
3	6	9	2	4	8	1	7	5
9	8	6	4	5	2	3	1	7
2	3	5	7	1	6	8	4	9
7	4	1	9	8	3	6	5	2
5	9	8	1	6	7	2	3	4
1	2	4	5	3	9	7	8	6
6	7	3	8	2	4	5	9	1

No.070 — 87p

1	4	9	5	2	7	8	6	3
7	5	3	8	1	6	2	9	4
6	2	8	3	9	4	5	7	1
9	1	5	4	7	2	6	3	8
3	6	7	9	8	5	4	1	2
2	8	4	6	3	1	9	5	7
5	3	6	7	4	8	1	2	9
4	7	1	2	5	9	3	8	6
8	9	2	1	6	3	7	4	5

No.071 — 90p

2	1	4	3	6	7	9	8	5
6	7	5	8	4	9	3	2	1
8	9	3	5	1	2	7	4	6
7	6	9	1	2	8	5	3	4
3	5	8	7	9	4	1	6	2
1	4	2	6	5	3	8	9	7
9	8	1	4	7	6	2	5	3
4	2	7	9	3	5	6	1	8
5	3	6	2	8	1	4	7	9

No.072 — 91p

5	4	2	1	7	8	6	9	3
3	8	6	2	9	4	7	5	1
9	7	1	5	3	6	8	4	2
4	9	3	8	1	5	2	6	7
8	2	7	3	6	9	5	1	4
1	6	5	4	2	7	9	3	8
6	3	9	7	4	2	1	8	5
7	5	4	9	8	1	3	2	6
2	1	8	6	5	3	4	7	9

No.073 92p

6	4	9	8	3	1	2	5	7
5	3	1	6	7	2	9	8	4
8	2	7	5	4	9	6	1	3
4	9	6	1	5	7	8	3	2
2	1	8	3	9	6	7	4	5
7	5	3	2	8	4	1	9	6
9	6	2	4	1	5	3	7	8
1	8	5	7	6	3	4	2	9
3	7	4	9	2	8	5	6	1

No.074 93p

4	7	9	1	3	2	5	6	8
1	6	2	5	9	8	4	7	3
5	3	8	7	6	4	9	2	1
3	4	5	8	7	1	6	9	2
7	2	6	3	4	9	1	8	5
8	9	1	2	5	6	3	4	7
6	8	7	9	1	5	2	3	4
9	1	3	4	2	7	8	5	6
2	5	4	6	8	3	7	1	9

No.075 94p

2	7	6	8	4	9	5	3	1
1	3	8	5	7	2	6	4	9
9	4	5	1	3	6	8	2	7
8	2	9	6	1	5	3	7	4
3	6	7	2	9	4	1	8	5
5	1	4	7	8	3	9	6	2
7	5	1	3	2	8	4	9	6
6	9	3	4	5	7	2	1	8
4	8	2	9	6	1	7	5	3

No.076 95p

4	6	9	2	5	7	3	8	1
3	5	1	9	8	4	7	6	2
2	8	7	6	1	3	4	5	9
6	9	2	3	7	8	1	4	5
8	1	5	4	2	9	6	7	3
7	3	4	5	6	1	2	9	8
9	4	6	8	3	2	5	1	7
1	2	8	7	4	5	9	3	6
5	7	3	1	9	6	8	2	4

No.077 96p

5	8	6	2	3	1	4	7	9
4	3	7	8	9	5	1	6	2
9	1	2	4	6	7	5	3	8
6	2	9	1	7	8	3	4	5
1	5	8	9	4	3	7	2	6
3	7	4	6	5	2	8	9	1
8	6	5	7	2	4	9	1	3
2	4	3	5	1	9	6	8	7
7	9	1	3	8	6	2	5	4

No.078 97p

4	8	9	2	7	3	6	5	1
5	2	7	4	1	6	9	3	8
3	1	6	8	9	5	2	4	7
7	3	1	6	4	9	8	2	5
8	9	4	5	2	1	7	6	3
2	6	5	7	3	8	4	1	9
1	7	8	3	6	4	5	9	2
9	4	2	1	5	7	3	8	6
6	5	3	9	8	2	1	7	4

No.079 98p

5	3	1	8	4	9	6	2	7
6	4	9	5	7	2	8	1	3
8	2	7	1	3	6	5	9	4
9	6	2	7	8	3	4	5	1
3	7	4	6	1	5	9	8	2
1	8	5	2	9	4	7	3	6
2	1	8	4	5	7	3	6	9
4	9	6	3	2	8	1	7	5
7	5	3	9	6	1	2	4	8

No.080 99p

3	4	5	6	2	9	1	8	7
7	2	6	1	5	8	9	3	4
8	9	1	3	7	4	6	2	5
9	1	3	8	6	5	7	4	2
6	8	7	2	4	3	5	9	1
2	5	4	7	9	1	3	6	8
5	3	8	9	1	2	4	7	6
1	6	2	4	3	7	8	5	9
4	7	9	5	8	6	2	1	3

No.081   100p

7	9	1	2	5	4	6	3	8
2	4	3	6	8	7	9	5	1
8	6	5	9	1	3	4	7	2
5	8	6	4	7	9	1	2	3
4	3	7	1	6	2	5	8	9
9	1	2	5	3	8	7	4	6
6	2	9	3	4	5	8	1	7
1	5	8	7	2	6	3	9	4
3	7	4	8	9	1	2	6	5

No.082   101p

1	5	7	4	9	6	8	2	3
3	9	6	2	1	8	7	5	4
2	8	4	7	5	3	1	6	9
4	1	5	9	6	2	3	8	7
9	2	8	3	7	4	5	1	6
7	6	3	1	8	5	4	9	2
6	7	2	5	3	1	9	4	8
8	3	1	6	4	9	2	7	5
5	4	9	8	2	7	6	3	1

No.083   102p

9	7	4	5	8	6	1	3	2
8	3	5	9	1	2	7	6	4
2	6	1	4	3	7	5	9	8
7	8	6	2	4	3	9	1	5
3	1	9	8	6	5	4	2	7
4	5	2	7	9	1	6	8	3
6	2	7	1	5	8	3	4	9
5	4	3	6	2	9	8	7	1
1	9	8	3	7	4	2	5	6

No.084   103p

9	5	1	6	8	7	3	4	2
4	7	2	9	1	3	5	6	8
6	3	8	2	5	4	1	9	7
1	2	3	4	7	9	6	8	5
5	8	9	1	6	2	7	3	4
7	4	6	5	3	8	2	1	9
8	1	7	3	4	5	9	2	6
3	9	4	7	2	6	8	5	1
2	6	5	8	9	1	4	7	3

No.085   104p

6	7	2	5	3	1	9	8	4
5	4	9	8	2	7	6	1	3
8	3	1	6	4	9	2	5	7
2	8	4	7	5	3	1	9	6
3	9	6	2	1	8	7	4	5
1	5	7	4	9	6	8	3	2
4	1	5	9	6	2	3	7	8
7	6	3	1	8	5	4	2	9
9	2	8	3	7	4	5	6	1

No.086   105p

5	8	1	3	4	9	7	2	6
7	4	3	2	5	6	8	9	1
2	9	6	8	7	1	3	4	5
1	2	9	7	6	4	5	3	8
3	7	4	5	9	8	1	6	2
8	6	5	1	3	2	4	7	9
6	5	8	4	2	7	9	1	3
9	1	7	6	8	3	2	5	4
4	3	2	9	1	5	6	8	7

No.087   106p

1	4	9	3	5	8	6	2	7
6	8	5	2	9	7	4	1	3
2	3	7	4	6	1	9	8	5
5	7	1	6	2	3	8	4	9
4	9	2	7	8	5	1	3	6
3	6	8	9	1	4	5	7	2
8	2	4	5	3	9	7	6	1
9	1	3	8	7	6	2	5	4
7	5	6	1	4	2	3	9	8

No.088   107p

3	7	8	4	1	5	9	6	2
4	2	9	7	6	3	1	8	5
5	6	1	9	2	8	3	7	4
8	3	2	1	5	7	4	9	6
7	4	5	3	9	6	2	1	8
1	9	6	2	8	4	7	5	3
9	8	4	6	7	2	5	3	1
6	1	3	5	4	9	8	2	7
2	5	7	8	3	1	6	4	9

No.089   108p

7	6	9	8	5	1	4	3	2
8	1	2	3	7	4	5	6	9
3	5	4	2	9	6	7	8	1
2	9	5	4	6	8	1	7	3
1	7	6	9	3	5	8	2	4
4	8	3	1	2	7	6	9	5
6	2	8	5	4	9	3	1	7
5	3	1	7	8	2	9	4	6
9	4	7	6	1	3	2	5	8

No.090   109p

5	1	7	9	4	6	8	2	3
9	3	6	1	2	8	7	5	4
8	2	4	5	7	3	1	6	9
3	8	1	4	6	9	2	7	5
4	5	9	2	8	7	6	3	1
7	6	2	3	5	1	9	4	8
1	4	5	6	9	2	3	8	7
6	7	3	8	1	5	4	9	2
2	9	8	7	3	4	5	1	6

No.091   112p

1	3	4	5	6	2	9	7	8
9	5	6	3	7	8	2	4	1
7	2	8	4	1	9	5	3	6
8	4	7	9	5	1	6	2	3
2	9	1	8	3	6	7	5	4
3	6	5	7	2	4	1	8	9
4	7	9	1	8	5	3	6	2
5	8	2	6	9	3	4	1	7
6	1	3	2	4	7	8	9	5

No.092   113p

9	1	3	4	2	7	6	5	8
6	8	7	9	1	5	4	3	2
2	5	4	6	8	3	9	1	7
1	6	2	5	9	8	3	7	4
5	3	8	7	6	4	1	2	9
4	7	9	1	3	2	8	6	5
3	4	5	8	7	1	2	9	6
7	2	6	3	4	9	5	8	1
8	9	1	2	5	6	7	4	3

No.093   114p

4	9	6	1	7	5	2	3	8
2	1	8	3	6	9	5	4	7
7	5	3	2	4	8	6	9	1
5	3	1	6	2	7	4	8	9
6	4	9	8	1	3	7	5	2
8	2	7	5	9	4	3	1	6
9	6	2	4	5	1	8	7	3
1	8	5	7	3	6	9	2	4
3	7	4	9	8	2	1	6	5

No.094   115p

2	6	1	9	5	8	7	3	4
9	7	4	3	1	2	6	8	5
8	3	5	6	7	4	2	1	9
3	1	9	2	4	7	5	6	8
4	5	2	8	6	3	1	9	7
7	8	6	1	9	5	3	4	2
5	4	3	7	8	1	9	2	6
6	2	7	4	3	9	8	5	1
1	9	8	5	2	6	4	7	3

No.095   116p

1	3	2	6	8	5	4	7	9
5	9	8	7	3	4	1	6	2
7	6	4	2	1	9	5	3	8
8	7	1	9	2	6	3	4	5
2	5	6	4	7	3	8	9	1
3	4	9	8	5	1	7	2	6
4	2	7	5	6	8	9	1	3
9	1	5	3	4	2	6	8	7
6	8	3	1	9	7	2	5	4

No.096   117p

1	8	5	7	6	3	4	2	9
9	6	2	4	1	5	3	7	8
3	7	4	9	2	8	5	6	1
4	9	6	1	5	7	8	3	2
2	1	8	3	9	6	7	4	5
7	5	3	2	8	4	1	9	6
6	4	9	8	3	1	2	5	7
5	3	1	6	7	2	9	8	4
8	2	7	5	4	9	6	1	3

No.097 — 118p

1	5	7	4	6	9	8	3	2
3	9	6	2	8	1	7	4	5
2	8	4	7	3	5	1	9	6
6	7	2	5	1	3	9	8	4
8	3	1	6	9	4	2	5	7
5	4	9	8	7	2	6	1	3
4	1	5	9	2	6	3	7	8
7	6	3	1	5	8	4	2	9
9	2	8	3	4	7	5	6	1

No.098 — 119p

7	4	9	1	3	2	6	5	8
3	5	8	7	6	4	2	9	1
6	1	2	5	9	8	7	4	3
8	6	7	9	1	5	3	2	4
1	9	3	4	2	7	5	8	6
5	2	4	6	8	3	1	7	9
4	3	5	8	7	1	9	6	2
2	7	6	3	4	9	8	1	5
9	8	1	2	5	6	4	3	7

No.099 — 120p

3	7	4	5	6	1	9	2	8
9	6	2	3	7	8	4	1	5
1	8	5	4	2	9	7	6	3
5	3	1	9	8	4	6	7	2
6	4	9	2	5	7	8	3	1
8	2	7	6	1	3	5	4	9
4	9	6	8	3	2	1	5	7
2	1	8	7	4	5	3	9	6
7	5	3	1	9	6	2	8	4

No.100 — 121p

7	6	3	4	2	9	1	8	5
9	2	8	5	6	1	3	7	4
4	1	5	3	7	8	9	6	2
6	7	2	9	8	4	5	3	1
8	3	1	2	5	7	6	4	9
5	4	9	6	1	3	8	2	7
1	5	7	8	3	2	4	9	6
2	8	4	1	9	6	7	5	3
3	9	6	7	4	5	2	1	8

< 부록 >

실전 이론 1 - 결국은 전략

이 이론은 어느 정도 숫자가 채워져 있으면
더욱 효율적으로 빠르게 숫자를 채울 수 있는 이론이다.
결국은 이 어딘가에는 들어갈 수밖에 없다는 것을 추론해서 채워나가는 것이다.
이 예시에서 숫자 "1"을 채우는 것을 예시로 들겠다.

			5	3	A			2
	6			9	B		4	
2	7	5		4				1
8			C	D	6			5
	1	7		6				
					1			
	3			5		8		
	6	1						
	8			9				

5행과 6행의 "1"이 있으므로 4행의 "1"은 C와 D의 위치에만 들어갈 수 있다.
4열의 "1"이 4행에서의 "1"의 위치는 두 곳 중 하나라고 제약을 걸어주기 때문이다.
더군다나 3행의 "1"이 6열의 "1"의 위치도 결국은 A 아니면 B라고 제한을 해준다.
그러면 4행의 "1"의 위치는 C일 수밖에 없다.
D의 위치는 6열의 "1"이 들어가야 하는 곳과 겹쳐서 들어갈 수 없기 때문이다.
위치가 제약되는 곳을 찾아서 결국은 이곳은
이 숫자밖에 들어갈 수 없다는 것을 추론하는 이론이다.

< 부록 >

실전 이론 2 - 다다다 전략

이 이론은 가장 많은 숫자가 무엇인지부터 파악하는 것이 중요하다.
이 예시에서 가장 많이 채워져 있는 숫자는 "8"로 총 5번이 나와 있다.
결국 스도쿠의 특성상 "8"을 네 번만 채운다면 "8"은 모두 완성이 되는 것으로
집중 공략을 하면 쉽게 채울 수 있다는 결론이 나온다.

		4	8					6
	1		5		9	A	3	B
		8			2	4		1
		9	1			7		
5								9
		6			4	2		
8		9	4			5		3
	2		3		8		9	
7						1		8

1행과 3행의 "8"의 위치를 고려하면
2행의 "8"의 위치는 A 아니면 B에 들어가야 한다.
그런데 8열에 "8"이 있으므로 2행의 "8"은 A가 100%일 수밖에 없다.
그다음 많이 나온 숫자가 "4"로 이 방법을 적용하면
채울 수 있는 칸이 바로 늘어날 것이다.